Liebe Mama,

vor ein paar Wochen fand ich beim Aufräumen auf dem Dachboden ein altes, vergilbtes Heft. Ich blickte kurz darauf und merkte gleich, dass es nicht von uns war. Ganz offensichtlich stammte es von Familie Sommer, die vor uns hier gewohnt hatte.

Da hielt ich also dieses alte Stück Papier in der Hand und war schon drauf und dran, es wegzuschmeißen. Aber dann blätterte ich es doch einmal rasch durch. Sofort merkte ich, dass es etwas ganz Persönliches war. Also klappte ich das Büchlein wieder zu. Zum Glück haben wir die Anschrift der Sommers. „Man weiß ja nie…", hatten wir damals noch gesagt. Ich steckte das Heft in einen Umschlag und schickte es zusammen mit ein paar freundlichen Zeilen an ihre Adresse.

Wenig später erhielt ich Post. Darin befand sich eine Kopie meines Fundes. Und dabei waren auch ein paar nette Zeilen. Frau Sommer war sehr glücklich darüber, die alten Aufzeichnungen wieder zu haben. Lange Zeit hatte sie sie vermisst, doch im Laufe der Zeit waren sie ihr dann doch entfallen. Sie schrieb, sie könne sich keinen rechten Reim darauf machen, wie das Heft auf den Dachboden gelangt war.

Nun war es ja zum Glück wieder da, und als Dankeschön kam Frau Sommer auf die Idee, die Freude mit mir zu teilen. So bin ich jetzt im Besitz dieses schönen Heftes. Es hat zwei verschiedene Autorinnen. Die eine ist

Frau Sommer selbst. Sie hat Erinnerungen an die Küche ihrer Kindheit und Jugend festgehalten. Und dann hat sie immer wieder Platz freigelassen. Der war für ihre Mama vorgesehen. Da hat diese dann ihre Rezepte hineingeschrieben. Das waren manchmal genau die Gerichte zu den Erinnerungen von Frau Sommer. Und manchmal waren es auch ganz andere, je nachdem, was ihrer Mutter gerade eingefallen ist.

Ich entdeckte darin so alte Gerichte wie Rhabarbersuppe, Schweinerollbraten mit Sauerkraut oder eine feine abgeschlagene Zitronencreme. Und als ich so schmökerte, schwelgte ich in meinen eigenen Erinnerungen. Da standen sie vor meinem geistigen Auge, die vielen Leckereien, die du für uns zubereitet hast, als ich klein war. Und mir fiel ein, dass ich die meisten gar nicht so hinbekommen würde, wie du das immer geschafft hast.

Liebe Mama, für mich als Kind waren deine Kochkünste nichts weniger als Zauberei. Als ich älter wurde und selbst zu kochen begann, da warst du immer mein Vorbild. Doch jetzt würde ich es so gerne genau wissen, wie du das alles gemacht hast.

Und deshalb schenke ich dir das Buch von Frau Sommer. Die Einträge ihrer Mutter habe ich freilich weggelassen, denn ich bin doch so gespannt darauf, deine ganz persönlichen Rezepte zu lesen. Die leckeren Düfte und Gaumenfreuden meiner Kindheit – mit deiner Hilfe würde ich sie gerne wieder zum Leben erwecken!

Haferbrei

Weißt du was, liebe Mama, das erste Gericht, an das ich mich erinnern kann, ist Haferbrei. Ich saß noch im Kinderstuhl und durfte gerade mal einen kleinen, abgewinkelten Löffel halten. Messer und Gabel waren noch absolut tabu. Für den Brei tat es dieses „uncoole" Ding ja auch. Ich wünschte mir so, ganz schnell zu wachsen, und deshalb schaufelte ich den Kraftmacher artig in mich hinein. Im Winter gabst du mir noch einen großen Spritzer Orangensaft dazu. Den habe ich dann ausgiebig hineingerührt, bevor alles genüsslich in meinem Bauch landete. Ich fühlte mich einfach rundum geborgen.

Rezept für die ganz Kleinen

Zubereitung

Zutaten

Rezept für die ganz Kleinen

Zutaten

Zubereitung

Was ist dir aus dieser Zeit besonders in Erinnerung geblieben?

Kräuterquark

Dann war auch schon Sommer. Ich habe draußen gespielt, bis ich nicht mehr konnte. Nach so einem ganzen Nachmittag auf der Wiese oder im Sandkasten war der Hunger unbeschreiblich. Dein Abendbrottisch kam mir dann vor wie das reinste Schlaraffenland. Eine riesige Fläche, auf der ich alles fand, um wieder zu Kräften zu kommen. Da waren nicht nur Brote, Wurst und Käse, sondern auch mal ein paar liebevoll aufbereitete Reste vom Mittagessen oder ein Omelette. Und dann – für mich einfach nur der Knaller – ein Quark mit Schnittlauch und frischer Zitronenmelisse. Diese Kräuter waren wie der Duft des Nachmittags, den ich draußen in der Natur verbracht hatte, ein Gruß von den just vergangenen Stunden und zugleich Verheißung eines neuen Tages. Was der wohl für mich bringen würde ...?

Rezept für Sandkasten-Rocker

Zubereitung

Zutaten

Rezept für Sandkasten-Rocker

Zutaten

Zubereitung

Sag mal, wie hast du denn unsere Abendessen damals erlebt?

Spiegelei

Wurden die Tage wieder kälter, gab's am Abend auch oft Schinkenbrot mit Spiegelei. Da stand ich immer mit am Herd und guckte zu, wie du das Ei gekonnt in die Pfanne gleiten ließt. Dann sah ich ganz fasziniert auf die glibberige Masse, die sich nach und nach weiß färbte. Bildeten sich die Bläschen und entluden ihren Druck leise platschend nach außen, entkam mir schon mal ein aufgeregtes Juchzen. Und sah ich dann die goldene Kruste am Rand, rief ich aufgeregt, dass ich das Ei aus der Pfanne auf mein Brot heben wollte. Natürlich war deine helfende Hand mit im Spiel, aber ich hatte trotzdem stets das Gefühl, dass ich ganz persönlich das Ei aus dem brodelnden Fett auf den Schinken bugsierte. Wie du das nur geschafft hast?!

Rezept zum Kochen lernen

Zubereitung

Zutaten

Kannst du dich erinnern, was ich als Kind in der Küche so ausprobiert habe?

Nudeln mit Tomatensoße

Natürlich stimmt das nicht, aber mir kommt es so vor, als hätte ich meine Leibspeise Nudeln mit Tomatensoße das erste Mal im Urlaub am Mittelmeer gegessen. Ich kann mich halt so gut daran erinnern, wie der Kellner den Teller mit dem riesigen Berg Spaghetti und der herrlichen roten Soße darüber brachte. Und nicht nur das stellte er an meinen Platz, sondern auch noch das Glasschälchen in dem schicken Chromrahmen mit Deckel drauf. In dem Parmesanspender steckte ein Löffel, und mit dem durfte ich so viel Käse auf den Sugo à la Bolognese schaufeln, bis der Berg ganz weiß wurde. Es duftet nach Tomaten, Oregano und dem fein angebratenen Hackfleisch. Und als du mir dasselbe Rezept zu Hause serviert hast, gab es für mich nicht den geringsten Unterschied. Du hast einfach ein Stück Italien auf unseren Küchentisch gebracht – und damit eine riesige Portion Urlaub. Ich habe dich dafür einfach bewundert!

Rezept für ein Lieblingsgericht

Zutaten

Zubereitung

Was fällt dir ein zum Thema Lieblingsessen?

Frische Brötchen im Sonnenschein

Meine Kinderwelt leuchtete, wenn du uns das Frühstück auf der Terrasse serviertest. Das geschah natürlich hauptsächlich am Wochenende. Frische Brötchen gab's damals nur samstags. Die waren so knusprig, dass ich manchmal vergaß, Butter und Marmelade draufzuschmieren. Doch da war noch viel mehr auf unserem Frühstückstisch: Honig, Schinken, Mortadella, Emmentaler Käse, Schokocreme… Für mich damals eine Fülle an Leckereien wie im Schlaraffenland. Und dazu kam noch das Strahlen: von oben aus der Sonne und rings umher aus unseren Gesichtern.

Rezept für das Wochenendfrühstück

Zubereitung

Zutaten

Rezept für das Wochenendfrühstück

Zutaten

Zubereitung

Erzähl doch mal, was hat denn für dich das Wochenendfrühstück bedeutet?

Cornflakes

Das ganz normale Frühstück taucht erst etwas später in meiner Erinnerung auf. Klar, das war ja auch nicht so spektakulär. Doch dafür war es gesund, und du hast es geschafft, mir richtig Lust auf die morgendliche Portion zu machen: mit Cornflakes, frischer Kuhmilch und ein paar Obststücken, die verführerisch zwischen den Flocken schwammen. Oder hatte ich deshalb so großen Appetit, weil aus dem Radio fetzige Lieder kamen, deren Texte ich zwar nicht verstand, die aber viel Schwung in den neuen Tag brachten?

Verrat doch mal, wie du uns jeden Morgen neu motiviert hast!

Bratäpfel

Wenn der erste Schnee fiel, gab es nichts Schöneres als Schlitten zu fahren. Ich musste unbedingt zum Rodelberg. Zum Glück hatte Papa auch viel Spaß daran, sodass ich nicht lange betteln musste. Wir waren ein richtig flottes Team, und am Ende hatten wir uns völlig verausgabt. Natürlich sah ich nicht ein, dass es auch irgendwann wieder nach Hause gehen sollte, und so ließ ich den Kopf auf dem Rückweg ziemlich hängen. Doch die Enttäuschung war schlagartig vorbei, wenn mich an der Haustür ein würzig-süßer Duft begrüßte: Du hattest doch tatsächlich wieder Bratäpfel mit Vanillesoße gemacht – wunderbar!

Rezept für einen Schneetag

Zubereitung

Zutaten

Rezept für einen Schneetag

Zutaten

Zubereitung

Wie war das eigentlich für dich, wenn du mal allein zu Hause warst?

Butterplätzchen

Wenn ich im Dezember im verschneiten Garten einen Schneemann baute, blieb ich meist so lange draußen, bis mir die Finger halb erfroren waren. Doch du kanntest einen Trick, um mich rechtzeitig ins Warme zu locken. Du bist einfach mit einem Blech frisch gebackener Butterplätzchen an der Tür erschienen – unvergleichliche Prachtexemplare von Weihnachtsgebäck! Die waren für mich einfach das Größte. Natürlich, ich weiß, für dich waren sie keine Herausforderung. Du stelltest dein Können viel lieber mit raffinierten Kreationen in den tollsten Farben und Formen unter Beweis. Aber mein Herz schlug nun mal für diese ganz schlichten Boten des nahenden Festes. Nur schade, dass sie immer schon so schnell aufgegessen waren …

Rezept für die Vorweihnachtszeit

Zubereitung

Zutaten

Rezept für die Vorweihnachtszeit

Zutaten

Zubereitung

Wenn Du jetzt zurückdenkst, was war eigentlich das Schönste am Plätzchenbacken?

Marmorkuchen

Meine Kindergeburtstage waren wirklich der ganz große Knüller. Dabei hast du eigentlich gar keinen großen Aufwand getrieben. Um meine Gäste und mich zu begeistern, reichte es aus, wenn du die Gitarre nahmst und auf deine lustige Art Kinderlieder mit uns spieltest. Dazu brannten die Kerzen auf dem Geburtstagskuchen. Für uns war das der Inbegriff des Feierns: Singen, Tanzen und ein leuchtender Marmorkuchen. Und es durfte nie ein anderer sein!

Rezept für glückliche Geburtstagskinder

Zubereitung

Zutaten

Rezept für glückliche Geburtstagskinder

Zutaten

Zubereitung

Gibt es einen Kindergeburtstag, der bei dir einen besonderen Eindruck hinterlassen hat?

Frischer Spargel mit Kräuterkartoffeln und Rührei

Der Winter konnte schon ziemlich lang sein für mich als Kind. Umso schöner war's dann, wenn die Tage wieder länger wurden und das erste Grün spross. Plötzlich lag ein zarter, verheißungsvoller Duft in der Luft, und ich freute mich auf neue Abenteuer im Freien. Und du holtest die Sonne des Frühlings auf unsere Teller, indem du uns ein feines Spargelgericht mit Kartoffeln und Rührei serviertest. Alles mit frischen Kräutern, versteht sich.

Frühlingsbotenrezept

Zubereitung

Zutaten

Frühlingsbotenrezept

Zutaten

Zubereitung

Was verbindest du mit den ersten Frühlingstagen?

Hamburger der Extraklasse

Grillen über glühenden Kohlen ist etwas für Männer. Warum die Herren ausgerechnet hier den Spieß an sich reißen, weiß ich nicht. Aber es ist wohl schon seit Urzeiten so und wird sich voraussichtlich auch in den nächsten Jahrtausenden nicht ändern. Weniger spektakulär, aber in Wahrheit doch viel wichtiger, ist hingegen die Rolle, die die meisten Frauen bei diesem heißen Ereignis spielen. Da hast auch du, liebe Mama, keine Ausnahme gemacht. Was du Papa an mariniertem Fleisch, Würsten, geputztem Gemüse, Soßen und Garnierungen auf das Tablett gelegt hast, war einfach sensationell. Das absolute Prunkstück eines Grillabends war der saftig-frische Mega-Monster-Hamburger. Er war ja auch eine echte Gemeinschaftsproduktion der ganzen Familie – und schon allein deshalb über jeden Zweifel erhaben!

Grillrezept

Zubereitung

Zutaten

Ist der Holzkohlegrill wirklich nur etwas für Männer – was meinst du?

Erdbeerkuchen

Trockene Luft, stehende Hitze und die wohltuende Trägheit, die mich befiel, wenn ich meinen Bauch von der Sommersonne bescheinen ließ – an all das denke ich bis heute, wenn ein frischer Erdbeerkuchen vor mir steht. Kein Wunder, denn du hast mich genau in diesen Momenten mit solch einem roten Schlemmerhappen verwöhnt. Die Sahne dazu durfte ich selbst schlagen, wenn ich nicht gerade so sehr mit Sand und Grasflecken übersät war, dass ich aus hygienischen Gründen an der Küchentür abgewiesen wurde.

Rezept für Sommerkuchen

Zubereitung

Zutaten

Rezept für Sommerkuchen

Zutaten

Zubereitung

Was sind deine schönsten Sommererlebnisse?

Toast Hawaii

O je, und dann war es auch schon passiert: Die Dorne steckte im Finger, das Knie war aufgeschlagen oder der Kopf brummte von der Kollision mit dem blöden Balken, den ich dummerweise übersehen hatte. Auch wenn ich sehr gerne an meine Kindheit zurückdenke – ganz ohne Tränen ging's natürlich nicht ab. Doch halb so schlimm, denn du warst auf alles vorbereitet: Ein Toast, eine Scheibe Schinken, ein Stück Ananas und der alles krönende Schmelzkäse, mit dieser „Medizin" konntest du kleine Nöte jedes Mal ein wenig lindern. Und bald schon war alles wieder vergessen – nur das tolle Toast nicht!

Rezept für ein kulinarisches Trostpflaster

Zubereitung

Zutaten

Rezept für ein kulinarisches Trostpflaster

Zutaten

Zubereitung

War ich als Kind eher ein Bruchpilot – wie siehst du das?

Käsespätzle

Wir konnten schon eine ganz schöne Rasselbande sein. Dann zogen wir durch das Haus und skandierten: „Jetzt bestimmen wir! Jetzt bestimmen wir!" Doch womit wir nicht gerechnet hatten, war deine Reaktion. Du hast uns herbeigewunken, und wir sollten sagen, was es zu Mittag geben sollte. Da waren wir erst mal still. Bis einer von uns rief: „Wir wollen Käsespätzle!" Da hast auch du erst mal gestutzt, denn schwäbische Gerichte standen bis dahin nicht auf unserem Speisezettel. Aber dein Wort galt. Und so hast du dir doch tatsächlich bei den Nachbarn einen Spätzlehobel ausgeliehen, und dann gab es das geforderte Gericht. So hinterließ unsere Kinder-Demo bleibende Spuren: in Form regelmäßiger Mitsprache bei der Gestaltung des Speiseplans. Ein eigener Hobel wurde alsbald angeschafft.

Rezept für den Kindergeschmack

Zutaten

Zubereitung

Wie viel sollten die Kinder in der Küche mitbestimmen?

Bratkartoffeln mit Sülze

Es war Ferienzeit und ich mit meiner Freundin Maja verabredet. Doch kurz bevor es losgehen sollte, rief ihre Mama an und sagte, Maja sei krank geworden. Da war ich wirklich enttäuscht und wusste nichts mehr mit mir anzufangen. Ein blöder Tag – bis du mit mir in die Küche gegangen bist. Wir fanden Kartoffeln, schälten sie und schnitten sie in Scheiben. Dann landete alles in der großen Pfanne, und wir machten richtig leckere Bratkartoffeln. Das dauerte ein Weilchen, und als die goldbraunen Erdäpfel mit einem Stück Sülze auf den Tellern lagen, hatte ich schon wieder Pläne für den restlichen Tag. Ich wollte ein Bild zu Ende malen, am späteren Nachmittag noch ins Schwimmbad gehen und am Abend eine ganz lange Geschichte hören. Und seither gilt für mich: Wenn ich mal nicht mehr weiter weiß, helfen Bratkartoffeln am besten.

Rezept für neue Pläne

Zubereitung

Zutaten

Rezept für neue Pläne

Zutaten

Zubereitung

Kannst du dich auch an Tage erinnern, die nicht so gut begannen und schön endeten?

Lunchpaket

Wenn es auf Reisen ging, war ich als Kind viel zu aufgeregt, um ans Essen zu denken. Zunächst zumindest. Doch natürlich kam nach einer gewissen Anzahl zurückgelegter Kilometer dann doch Hunger auf. Für mich völlig überraschend, für dich so erwartet wie das Amen in der Kirche. Jetzt erst merkte ich, dass du mal wieder ein reich ausgestattetes Lunchpaket mitgenommen hattest. Brötchen mit Käse, Wurst oder Schinken, hier eine kleine Gurke, dort ein Maiskölbchen, dann natürlich auch die obligaten Süßigkeiten, um mir die lange Fahrt zu verkürzen. All diese Sachen waren wie ein Stück Zuhause und zugleich ein sicheres Zeichen, dass es jetzt in fremde Gegenden ging.

Rezept zum Reiseverkürzen

Zubereitung

Zutaten

Rezept zum Reiseverkürzen

Zutaten

Zubereitung

Was ist deine schönste Unterwegs-Erinnerung?

Pilzpfanne mit Reis

Urlaub, das hieß Sonne, Strand und Vollpension. Doch es gab bei uns auch die andere Variante, und die hat mich mindestens so begeistert wie der Klassiker auf einer Mittelmeerinsel: Wandern in den Bergen. Das konnte auch mal zwischendurch für ein paar freie Tage sein, und – wer hätte das gedacht? – zu einem richtigen Abenteuer werden. Mal gab es eine Kletterei am Seil, mal sind wir mitten im Sommer über ein Schneefeld gelaufen, ja, und dann haben wir bei einer Wanderung Unmengen an Pfifferlingen und Steinpilzen gefunden. Oh, hat das lecker gerochen, wenn du die Ausbeute am Abend in der kleinen Küche der Ferienwohnung zu einer improvisierten Pilzpfanne mit Reis verarbeitet hast. Und dann erst der unbeschreiblich aromatische Geschmack: bis heute das Maß aller Dinge in Sachen Pilze und letztlich unerreicht!

Rezept für müde Wanderer

Zubereitung

Zutaten

Rezept für müde Wanderer

Zutaten

Zubereitung

Was waren wohl die ungewöhnlichsten Orte, an denen du für uns etwas gekocht hast?

Apfelstrudel

Einmal habt ihr für mich in den Bergen einen Apfelstrudel bestellt. Der war wirklich lecker mit dem mehrlagigen Teig, den herzhaften Boskops, dem hübschen Puderzucker und natürlich der aromatischen Vanillesoße. Für dein Empfinden war ich vielleicht sogar ein bisschen zu begeistert. Könnte es sein, dass ich dich damit etwas eifersüchtig gemacht habe? Jedenfalls hast du noch an Ort und Stelle ein alpenländisches Kochbuch gekauft und dich nach unserer Rückkehr voll ins Kochvergnügen gestürzt. Auf einmal gab es bei uns auch Leberknödelsuppe, Schlutzkrapfen und Kaiserschmarren. Und Apfelstrudel – wie in Tirol!

Rezept aus den Bergen

Zubereitung

Zutaten

Sag mal ganz ehrlich, wie ehrgeizig warst du beim Kochen?

Tartarbrot

Schon seit drei Tagen lag ich mit glühend heißem Kopf, einem dicken Hals und Schmerzen in den Gliedern im Bett. Mit Engelszungen hast du mir alle möglichen Sachen zum Essen und Trinken angeboten, doch ich lehnte alles ab. Ich wollte nur, dass die Grippe so schnell wie möglich vorüberging. Doch wie zu Kräften kommen, wenn man nichts zu sich nimmt? Da kamst du mit einem Tablett in mein Zimmer. Mit der feierlichen Miene eines Oberkellners stelltest du es auf meinen Nachttisch, und ich guckte neugierig, was sich darauf befand. „Das ist ein Tartarbrot. Tartar ist das Beste vom Besten, was man an Fleisch bekommen kann. Das bringt dich wieder auf die Beine." Tatsächlich nahm ich ein paar Bissen von diesem feinen, erfrischenden Wundermittel und glaubte fest an seine Zauberwirkung. Dass das Fleisch roh war, hast du mir zum Glück erst erzählt, als ich wieder gesund war.

Rezept für kranke Hühner

Zubereitung

Zutaten

Rezept für kranke Hühner

Zutaten

Zubereitung

Wie war es so, wenn ich krank war, woran erinnerst du dich?

Matjeshering mit Salzkartoffeln

Die Schule konnte manchmal schon ziemlich stressig sein. Aber auf dich konnte ich mich aber immer verlassen, wenn es darum ging, wieder abzuschalten und Energie für neue Aufgaben zu sammeln. Ich glaube, das hast du geschafft, weil du dich in angespannten Situationen selbst wieder so gut beruhigen konntest. Zum Beispiel mit Matjeshering, und Salzkartoffeln. Das war schnell gemacht, aber es dauerte doch lange genug, um mit Schälen, Schneiden und regelmäßigem Wenden wieder ruhig zu werden. So hast du dich wieder gesammelt, und das hat auch auf mich ausgestrahlt. Es klingt schon ein wenig verrückt, aber bis heute wirkt Matjeshering auf mich entspannend.

Rezept gegen Schulstress

Zubereitung

Zutaten

Rezept gegen Schulstress

Zutaten

Zubereitung

Was ist deine Erfahrung: Kochen und Entspannen, passt das zusammen?

Frikadellen mit Kartoffelbrei

Ich weiß noch genau, wie mir eines Tages in der Schule das neue Fahrrad geklaut wurde. Nach dem Unterricht war es einfach verschwunden, und ich musste wohl oder übel den langen Weg zu Fuß zurücklegen. Als ich zu Hause ankam, war ich total erschöpft, und meine ursprüngliche Verzweiflung war in Wut umgeschlagen. Da war es eine glückliche Fügung, dass du an diesem Tag Frikadellen mit Kartoffelbrei gemacht hattest. Das ließ sich gut warm halten, und am Tisch habe ich das Essen mit der Gabel zu einem undefinierbaren Brei zerquetscht. Natürlich konnten die Frikadellen nichts dafür, aber sie waren doch das ideale Objekt, um meinen Ärger abzureagieren. Wie klug von dir, dass du nichts gesagt hast!

Rezept gegen Ärger

Zubereitung

Zutaten

Rezept gegen Ärger

Zutaten

Zubereitung

Erzähl doch mal, wann musstest du besonders viel Geduld aufbringen?

Fischstäbchen mit Pommes Frites und Gurkensalat

Mit meinem Fleiß in der Schule konntest du meistens ganz zufrieden sein. Doch vor den Klassenarbeiten und Tests war ich trotzdem immer einigermaßen aufgeregt. Ich glaube, es war reiner Zufall, dass du einmal vor einer Prüfung Fischstäbchen mit Pommes Frites und Gurkensalat gemacht hast. Das hat mich jedenfalls irgendwie beruhigt, vielleicht weil es eben nichts Besonderes war. Von diesem Zeitpunkt an habe ich mir dieses Gericht immer gewünscht, wenn es am nächsten Tag aufregend wurde. Und es hat mir immer gut getan.

Rezept gegen Prüfungsstress

Zubereitung

Zutaten

Rezept gegen Prüfungsstress

Zutaten

Zubereitung

Erinnerst du dich noch an andere Zufälle, aus denen dann eine neue Gewohnheit entstanden ist?

Knabbereien mit selbstgemachten Dressings

Manchmal wurde es ziemlich kribbelig. Wir saßen auf dem Sofa und guckten fern, und wenn mir irgendetwas zu spannend wurde, habe ich mich hinter deinem Rücken versteckt. Zum Glück hast du bei diesem Ritual mitgemacht, auch wenn es dich danach schon mal jucken konnte. Denn oft hatte ich etwas Leckeres in der Hand, das leicht brach und krümelte. Aber solange kein Dressing daran war, das du uns für solche gemütlichen Stunden immer wieder angerührt hast, hattest du eine Engelsgeduld ...

Rezept für den Fernsehabend

Zubereitung

Zutaten

Rezept für den Fernsehabend

Zutaten

Zubereitung

Sag doch, zu welchen möglichen oder unmöglichen Anlässen wir so geknabbert haben!

Chinesische Gemüsesuppe mit Ingwer

Ich hab's ja versucht zu verbergen. Doch bei dir hatte ich keine Chance. Treffsicher hast du erkannt, wenn ich Liebeskummer hatte. Zuerst war mir das total peinlich, doch dann tat es meiner Seele doch gut, dass du dich um mich gekümmert hast. Du hattest die geniale Idee, mir eine pikante chinesische Gemüsesuppe mit Ingwer zu servieren. Denn es war klar, dass ich erst mal nichts essen wollte, und da gabst du mir ganz dezent die Möglichkeit zu sagen, mir sei die Suppe zu scharf, da kämen einem ja die Tränen. Aber du hattest sie in die passende Schale gefüllt, und die hielt ich nach ein paar Minuten wie einen Handschmeichler. Das gab mir Wärme und ein klein wenig Linderung. Und als du nicht hingeguckt hast, habe ich doch ein paar Löffel genommen.

Rezept gegen Liebeskummer

Zubereitung

Zutaten

Rezept gegen Liebeskummer

Zutaten

Zubereitung

Wie war das für dich, mein erster Liebeskummer?

Weihnachtsgans

Zuerst ging es in die Kirche. Damit wurde jedes Jahr unser Weihnachtsfest eingeläutet. Doch so ganz feierlich war meine Stimmung im Krippenspiel oder in der Vesper dann doch nicht. Zwar waren schon alle Geschenke eingepackt, wir steckten in festlicher Kleidung, und es ertönten die vertrauten Lieder. Doch etwas drückte mich: der Hunger. Das ist wirklich wahr! An Heiligabend gab es zwar immer ein großes Frühstück, doch das Mittagessen war nur ein kleiner Imbiss. Es roch zwar schon ganz fein nach all den Sachen, die du den ganzen Tag über vorbereitet hast, aber den Weihnachtsbraten gab es erst nach dem Gottesdienst. Und der konnte dauern!

Rezept zum Fest

Zutaten

Zubereitung

Mal ganz ehrlich: Hättest du dir für all die Weihnachtsvorbereitungen mehr Unterstützung gewünscht?

Fondue

Das Aufregende war das Feuerwerk. So dachte ich zumindest. Doch dann geriet das Warten auf den großen Moment zu einer Gala der Genüsse, dass ich die Zeit ganz vergaß und völlig überrascht war, als du das Feuer unter dem Fonduetopf ausgemacht hast. „Nur noch fünf Minuten bis zum neuen Jahr!", riefst du, und ich musste mich ziemlich beeilen, um noch rechtzeitig in die warmen Sachen zu schlüpfen und nach draußen zu laufen. So ist das mit den allerbesten Momenten: Man merkt gar nicht, wie die Zeit vergeht!

Rezept zum Jahreswechsel

Zubereitung

Zutaten

Rezept zum Jahreswechsel

Zutaten

Zubereitung